AF357240

DELISLE.BURNOUF

SEIZE

CHARTES ORIGINALES

DE

JEAN DE JOINVILLE

8° LK² 6166

TIRÉ A 52 EXEMPLAIRES :

Sur Hollande .... Nos 1 et 2
Sur vélin .... Nos 3 à 52

SEIZE

CHARTES ORIGINALES

INÉDITES

DE

JEAN DE JOINVILLE

avec un autographe

PUBLIÉES PAR

ALPHONSE ROSEROT

───·────

PARIS

ALPHONSE PICARD & FILS, ÉDITEURS

LIBRAIRES

DES ARCHIVES NATIONALES ET DE LA SOCIÉTÉ DE L'ÉCOLE DES CHARTES

Rue Bonaparte, 82

1894

BIBLIOTHÈQUE NATIONALE — DON DELISLE BURNOUF

SEIZE
CHARTES ORIGINALES
INÉDITES
DE

Jean de Joinville

———

Tout ce qui concerne le célèbre compagnon du roi saint Louis, le chroniqueur qui nous a légué, dans ses mémoires, l'un des plus précieux monuments de notre histoire nationale, ne cesse pas d'exciter le plus vif intérêt. Parmi les documents vraiment dignes d'attirer notre attention, figurent au premier rang les chartes originales émanées de sa chancellerie, ou dans lesquelles il apparait comme partie intervenante.

Déjà plusieurs publications ont mis au jour un certain nombre de ces chartes : M. Natalis de Wailly en a fait paraître trente-et-une, presque toutes inédites, en 1868, dans la *Bibliothèque de l'Ecole des Chartes*[1] ; M. Jules Simonnet en a publié

———

[1] 6e série, tome III, p. 557, sous le titre : *Recueil de chartes originales de Joinville, en langue vulgaire.* — Il y en a trente-deux, mais la charte O (mai 1278) n'est pas originale.

treize, en 1874, dans les *Mémoires de l'Académie de Dijon*[1].

On en trouve encore quelques-unes éparses dans diverses publications; telles sont, pour ne parler que des éditions modernes : deux chartes des Archives de la Haute-Marne (juillet 1248 et mai 1262) insérées par M. l'abbé R.-A. Bouillevaux, en 1851, dans sa *Notice historique sur Benoitevaux*[2]. M. Ambroise-Firmin Didot a donné, dans sa dernière édition (1871) des *Mémoires de Jean, sire de Joinville* (pp. 193-197), trois chartes des 1er mai 1239, décembre 1263 et novembre 1290. La charte de 1239 avait figuré dans la première édition (1858, p. CXVI), mais d'après une copie seulement. Par contre, celles de 1263 et 1290 publiées dans la dernière édition, avaient déjà paru, la première, dans le recueil de M. de Wailly (lettre G), et la seconde, qui n'est pas d'ailleurs originale, dans la Notice de M. l'abbé Bouillevaux, sus-indiquée (p. 30, note 10). MM. L. Germain et A. Jacob en ont fait paraître deux autres (mars 1275 et février 1303) dans le *Journal de la Société d'Archéologie Lorraine* (sept.-oct. 1879). M. Le Mercier de Morière en a publié une, des Archives de la Meurthe (22 octobre 1263), en 1884, dans le *Bulletin du Comité des travaux historiques et scientifiques; section d'archéologie*[3], avec reproduction du sceau dont elle est encore munie.

(1) Sous le titre : *Treize chartes inédites de Jean, sire de Joinville.* — Il en a réimprimé quelques-unes en 1876, dans son *Essai sur l'histoire et la généalogie des sires de Joinville.*

(2) Chaumont 1851, in-8o; pp. 24, note 6, et 28, note 9. — Il y en a une troisième (novembre 1290), p. 30, note 10, mais elle ne reproduit qu'une copie du XVIIIe s.

(3) P. 477.

M. G. Saige en a publié une de 1258, en double exemplaire, avec reproduction du sceau, dans la *Bibliothèque de l'Ecole des Chartes*, en 1886[1], extraite des archives du prince de Monaco, et M. le duc d'Atrisco, prince de Bauffremont-Courtenay, en a fait insérer également une, du 1er juin 1309, empruntée aux archives du château de Brienne, dans l'*Annuaire de l'Aube* de 1890[2]. En cette même année, une autre charte (octobre 1266) scellée, des Archives de la Meuse, a été publiée en 1890, par l'auteur de ces lignes, dans les *Archives historiques, artistiques et littéraires*[3]. Tout récemment le *Comité des travaux historiques et scientifiques, section d'histoire et de philologie*[4], en a admis une des Archives de la Marne (22 novembre 1309); elle avait déjà été publiée par M. Simonnet, dans son *Essai sur l'histoire et la généalogie des sires de Joinville* (1876), pages 232-233. Enfin, M. Gillet vient d'en donner deux[5], avec leur reproduction phototypique (novembre 1312 et 17 septembre 1314), d'après les originaux qui appartiennent à M. Lemoine, de Joinville, revêtus de cette approbation, de la main du Chroniqueur : *Ce fu fait par moi.*

Les éditions de MM. Bouillevaux et Simonnet ne sont pas exemptes de fautes.

---

(1) T. XLVII, p. 5, sous le titre : *Une Charte de Jean de Joinville, en double exemplaire scellé.*

(2) Seconde partie, p, 79, sous le titre : *Charte de Jean de Joinville, sénéchal de Champagne.*

(3) P. 191. (N'a pas été tirée à part.)

(4) Bulletin de 1893, pp. 494-495.

(5) *Deux Chartes inédites de Jean, sire de Joinville, publiées par* H. GILLET. Joinville, imprimerie Rosenstiel, 1894, in-8º, 8 pp. non chiffrées, 2 pl. (Tiré à 50 ex.)

IV

Les seize chartes originales publiées ci-après
appartiennent presque toutes aux Archives de la
Haute-Marne; il y en a treize tirées de ce dépôt,
une des Archives de la Meuse et deux des Archives
communales de Joinville. A la rigueur il eùt été
possible d'en ajouter une dix-septième, mais cette
charte ne consiste en réalité qu'en quelques lignes
d'approbation, en langue vulgaire, mises à la suite
d'une charte latine[1].

La planche phototypique ci-jointe reproduit dans
ses dimensions, à quelques millimètres près[2], l'original d'une charte du mois de septembre 1293,
appartenant aussi aux Archives de la Haute-Marne.
Cette charte a été publiée par M. Simonnet[3], mais
elle porte, sur le repli, la mention autographe *Ce fu
fait par moi*, qui n'avait pas encore été signalée. C'est
le cinquième spécimen connu de l'écriture de Joinville; voici l'indication des quatre autres, qui ont
déjà été reproduits :

Octobre 1294 : *et comman a touz mes serjanz que
il les paiet adès sans delai. Ce fu escrit de ma mein.*
(Archives de l'Allier.)

Septembre 1298 : *Ce fu fait par moy.* (Archives
Nationales.)

Novembre 1312 et 17 septembre 1314 : *Ce fu fait
par moi.* (Chez M. Lemoine, à Joinville.)

A. R.

---

(1) Voyez à la fin de la charte nº XVI.

(2) L'original a 0,133 de haut sur 0,183 de large, et la planche
0,11×0.154.

(3) *Mémoires de l'Académie de Dijon*, 1874, p. 279 (et tirage à
part, p. 39), nº XI.

I. — 1261, juillet.

Ge Jehans, sires de Joinville et seneschaus de Champaingne, fas savoir a touz cex qui verront ces lettres que l'abbés et li convans de Bourlaincourt m'ont acompaingnié as fourfaiz et as émandes de lour bois que on apelle Bois les Convers; des quex émandes et des quex fourfaiz je aurai la moitié et mi hoir après mo*, en teil mainnière que je ne mi hoir qui après moi venront ne porrons ne devèrons réclammer pour raison de garde ne de la dite compaignie des fourfaiz et des émandes [comme de toute]¹ droiture par quoi li frere de Boulaincourt ne facent de cest devant dit bois entièrement lour volenté, ce est a dire en coupant, en donnant, en vandant, et en toutes autres manières qu'il lour plaira miex, sens contredit de moi ne de mes hoirs, sauve la garde. En tesmoingnage de la quel chose je ai saellées ces lettres de mon sael. Ce fu fait à Joinville en l'an de grace mil cc sexante et un an, en mois de juillet.

(*Original*, Archives de la Haute-Marne, fonds de Boulancourt, 4ᵉ liasse, 5ᵉ partie. — Morancourt.)

II. — 1261, décembre.

Omnibus presentes litteras inspecturis, ego Johannes, dominus Joniville, senescallus Campanie, salutem in Domino. Notum facio universis quod cum contencio sive causa verteretur inter me ex una parte et fratres domus militie Templi de Ruels ex altera, super eo videlicet quod ego dictus J. volebam et petebam quod ipsi fratres dicte domus de Ruels ponerent extra manum suam res omnes et singulas inferius annotatas quas ipsi fratres

---

(1) Deux ou trois mots presque entièrement effacés.

2

dicte domus de Ruels acquisierant in feodo seu dominio meo,
videlicet duas pecias prati, que prata domina Aalipdis eisdem
fratribus dicte domus dederat, quorum pratorum unum situm
est ad crucem, prout partitur domino Guidoni, et aliud quod
partitur eidem domino Guidoni, ex altera parte vie; item quartam partem molendini quod dicitur de Retornesac, de Chevillon,
quam partem quartam dictus dominus Guido contulit in elemo-
sinam dictis fratribus dicte domus de Ruels; in quo etiam
molendino antequam dicta causa vel controversia verteretur
aliam quartam partem tenebant [et] possidebant pacifice et
quiete. Item, quatuor septarios bladi annui redditus, de dono
domine Maiensie; item tria jornalia terre arabilis que miles de
Bruolio dedit dictis fratribus dicte domus de Ruels; item quatuor sextarios bladi annui redditus quos Aubertus Li Blans, de
Jonivilla, dedit predictis fratribus apud Moutier scur Saut.
Tandem, mediante bonorum virorum consilio inter me et dictos
fratres dicte domus de Ruels pacifice compositum est in hunc
modum, videlicet, quod ego dictus Johannes miles concessi
eisdem fratribus dicte domus de Ruels ut habeant et teneant
ipsi fratres dicte domus in manu mortua in perpetuum, pacifice
et quiete, sine coactione vendendi seu extra manum suam
ponendi vel alienandi, videlicet dictam quartam partem molendini in quo, ut dictum est, aliam quartam partem antea pacifi-
cam habebant, et dictos quatuor sextarios bladi annui redditus
quos habebant ipsi fratres dicte domus de Ruels ex donatione
dicti Auberti Le Blanc. Et propter concessionnem hujus [rei]
dicti fratres dicte domus de Ruels, de communi voluntate et
assensu, omnia alia predicta et singula michi dederunt et con-
cesserunt, et etiam quitaverunt in perpetuum possidenda sine
reclamatione aliqua de cetero pacifice et quiete. In cujus rei
testimonium presentibus litteris sigillum meum duxi apponen-
dum. Datum anno Domini millesimo ducentesimo sexagesimo
primo, mense decembri.

(*Original*, Archives de la Haute-Marne, Commanderie de Ruetz, liasse 9; Chevillon, cote ZZ 6.)

III. — 1262 (v.st.), janvier[1].

Je Jehans, sires de Joinville, seneschaus de Champaingne, et je Aalis femme au davant dit Jehan, fille au noble baron Gauthier, signour de Risnel sa en arriers, faisons savoir a tous que cum nos aiens eschaangié à l'abbé et au couvant de La Creste quanque nos aviens et avoir pooiens et deviens à Cireis et en finaige de cele ville en toz preus et en tous us, a ce que li abbés et li couvans davant dit avoient et avoir pooient et devoient a Betoncourt et en finaige de cele ville, an tous preus et an tous us, ausi cum il est pleinnemant contenu ens lettres faites de cest eschaainge, qui sunt saelées de nos saés, et dont il doient avoir par nos les lettres dou Roi de Navarre; nos lor avons promis et promettons par ces lettres que nos, tous ceux qui de nos tenoient et tiennent à Cireis et en finaige, requerrons en bone foi que il repraingnent de l'abbé de La Creste et fascent houmaige à lui des choses qu'il tenoient et tenir devoient de nos pour la raison des fiez de Risnel. Et se il avenoit que il ou aucuns de de ceus que tenoient ou tenir devoient de nos à Cireis et en finaige de cele ville, ne voussissent repanre dou dit abbé ne faire houmaige à lui, se volons nos et ottroions que li abbés et li couvans davant diz puissent acquerre en lou et en tanz quanque hom tenoit ou tient de nos à Cereis et en finaige sans contredit de nos ne de nos hoirs, ausi cum les choses dont li fié sont lor, et que autres n'i puisse entrer ne acquerre se par lor non, et que il ne lor puisse grever se cil qui de nos tiengnent ou tenoient n'ont repris ou ne welent repanre de l'abbé de La Creste. Kar nos volons et ottroions au dit abbé et au couvant de La Creste qu'il puissent panre les houmaiges davant diz de tous ceus qui tenoient ou tiennent de nos à Cireis et en finaige, toutes celes fois qu'il les porront avoir; et ottroions ausi et volons que cil puissent repanre dou dit abbé quanque il i art et cum longemant li homaige demorscent en nostre main ou des signours de Risnel toutes celes fois qu'il lor plaira, sans contredit de nos

(1) M. de Vailly a publié, d'après des copies de la Collection Champagne, (t. 152, pièces 47 et 48,) deux chartes de la même date, relatives au même objet et émanées, la première de Jean, et la deuxième de Jacques, abbé de La Crète et ledit Jean.
(Recueil de Chartes originales, de Jean, sire de Joinville, E bis et E ter.)

4

ne des signors de Risnel, et que longe tenours et usaiges ne les
puissent grever. Et pour ce que ce soit ferme chose et que ces
couvenances soient tenues de nos et de nos hoirs à l'abbé et au
couvant davant diz à touz jors, je Jehans, sires de Joinville, ai
mis mon sael en ces lettres par la requeste et par la volanté la
davant dite Aalis ma femme. Et je Aalis davant dite, de cui ces
choses movoient et muevent, i ai mis lou mien sael pour pluis
grant surté et confermemant permenable; et ai promis par ma
foi donée corporelmant que je contre ces choses davant dites ne
vanrai jaimais ne mi hoir ausi, ne ne sofferrons à venir autrui,
à nos pooirs; et se il avenoit que je ou mi hoir ou aucuns de
mes hoirs alessiens encontre ces convenances, nos nos obligons
à ce que li officiaus de Laingres, qui qui onques il soit, ait pooir
de nos esquemenier et faire dénuncier pour esquemeniés, en
quelque leu que nos soiens, et mettre nostre terre en entredit à
la requeste dou dit abbé et dou couvant de La Creste, toutes
celes fois que il ou lor commandemans li presenteront ces lettres.
Ce fu fait l'an de l'incarnation de nostre Signor mil et deus cens
et sexante deus, en mois de jamvier.

(*Original*, Archives de la Haute-Marne, fonds de La Crète, 2ᵉ liasse, 5ᵉ partie. *Cirey-lès-Mareilles*.)

IV. — 1266 (v. st.), 10 janvier.

Je Jehans, sires de Joinville et senechaus de Champaingne, et
je Aalis, fame au dit Jehan et fille à noble baron Gauthier, chevalier, sà en ariers signor de Rinel, faisons savoir à touz ces qui
ces lettres verront que com li diz Gauthiers ait doné au frères
de La Creste la tierce partie des molins que il avoit avec l'abbé
de Flavigné, qui sient ou finaige de Rimaucort, que pour aumosne, que pour rendaige de damaiges de lour molin de Rimal-
cort, qu'il lour avoit fait, nos celle dite donacion et ce dit
rendage otrions et créantons au diz frères de La Creste, sauf ce
que li garde et li justice demourra en nostre main. Et pour ce
que ce soit ferme chose et estauble à touz jours, je Jehans
desus diz ai saelées ces lettres de mon sael, et je Aalis desus
dite j'a mis lou mien sael avec lou mon signor, pour confermer
l'aumosne mon père et lou rendaige. Ces lettres furent faites

em l'am de grace mil deuz cenz et sixante six, lou lundi après l'Aparicion *Nostre* Signor.

Original, Archives de la Haute-Marne, fonds de La Crête, 3ᵉ liasse, 7ᵉ partie, n° 484, Rimaucourt. — Il ne reste plus qu'un fragment du sceau d'Alix de Reynel. Cire blanche, pendant sur double queue de parchemin. Debout, de face, environnée de lionceaux; légende détruite. — Contre-sceau rond, à un écu illisible; légende : ✠ SIGILLVM ‖:‖ ALIDIS ‖:‖).

V. — 1268, 17 novembre.

Je Jehanz sires de Jeinvile, senechauz de Champaigne, fas savoir a touz ces qui ces presentes letres verront et orront que cum decorde fut meue antre moi d'une part et l'abbei et le convent de Saint Urbain d'autre, sur ce que je avoie faite une vile nueve quon apele Ferrieres[1], an une partie de mon bois de Maton qu'on apele le bois de Ferrieres, laquele je ne pooie faire par droit, si cum disoient li dit abbes et convenz, por ce que il et leur homme de Saint Urbain et d'aucunes de leur autres viles avoient usuaire an ces bois; et je disoie ancontre que je la pooie faire et devoie as us et as costumes de Champaigne. A la fin, par le consoil de bones genz, nos somes acordei de ceste chose en la meniere qui sansuet, c'est a savoir, que la dite vile sera faite et me demorra, moi et mes hers; ne ne mi porra greveir la contradictions de l'abbei et dou convent davant diz. Et cum li diz bois ou la dite vile siet contenit viiiᶜ et iiiiˣˣ arpanz ou li dit abbés et convenz de Saint Urbain, et la vile de Saint Urbain et aucunes autres de lor viles, si cum Watrigneivile, Bleicors, Sombruz, et aucunes autres apartenences de l'eglise de Saint Urbain avoient les usages, si cum il est coutenu an une letre que l'abbés et li convenz dessus dit ont de moi, des qués viiiᶜ iiiiˣˣ arpanz li home de la dite vile de Ferrieres ont ja essartei la plus grant partie, il est ordenei aincor antre nos et acordei que de ces diz arpanz il an demorra a touz jors iiᶜ iiiiˣˣ arpanz par dever Sombru por l'usuaire de l'eglise de Saint Urbain et de la vile de Saint Urbain et des autres viles et des apartenances de la dite eglise, ainsi cum il est dessus dit. E an recompansacion des autres viᶜ arpanz dou dit bois, que li dit home de la dite vile de

---

(1) En mai 1267.

6

Ferrieres ont essartei ou pourront essarteir s'il lor plait, j'ai
assenei é otroié a toz jors por usuaire a l'eglise de Saint Urbain et
as viles et apartenences don mencions est dessus faite vɪᶜ arpanz
de mon grant bois an ma foret de Maton, des la voie Nuisant
jusques a la Bouloie, a panɪre tot outre au plus pres de Bleicort,
si cum les bougnes le devisent, qui i sunt mises par ma volantei;
an qués vɪᶜ arpanz dou grant bois et an vɪᶜ et ɪɪɪɪˣˣ ou bois de
Ferrieres dessus dit il useront por faire lor volantei cum usuarier
doient faire an totes menieres de bois, sanz ancoison et sanz
emende; et an ces diz bois averont lor usuaire auximent li
home Saint Urbain demorant a Ru, et an la meniere dessus dite.
Et est a savoir que je ne mi hoir ne poons ne ne porrons, ne par
droit, ne par costume, ne par raison qués qu'ele soit, le dit bois,
ce est a savoir les diz vɪᶜ arpanz dou grant bois de Maton, ne
les ɪɪᶜ et ɪɪɪɪˣˣ dou bois de Ferrieres, a nul jor vendre, ne doneir,
ne essarteir, n'an tot n'an partie, ne faire vile nueve, ne grange,
ne gaignage, ne doneir usage an ces diz bois a ces qui point
n'en i avoient au jor que ceste letre fu faite, ne acroitre ne
changier l'usage a ces qui ja l'i avoient. E ces choses, auxi com
eles sunt dessus dites et deviseies, lor promet je et ai promis a
garantir a toz jors an bone foi contre toz ces qui a droit voudroient
venir. Et por ce que li dit vɪᶜ arpant dou grant bois de Maton
valoient miez, au jor que ceste letre fu faite, que li vɪᶜ arpant dou
bois de Ferrieres que li dit homme de cele vile avoient ja pris que
essartei, j'ai receu por l'amillorement et por ce que je ne le porrai
ne mi hoir essarteir ne vendre auxi, com il est dessus devisei, de
l'abbei et dou convent de Saint Urbain, por aus et por ces qui
dessus sunt nommei de la terre et des apartenences de l'eglise de
Saint Urbain, ɪɪɪᶜ et ʟ livres de provenisiens fors, des qués je me
teig por bien paiez an deniers conteiz, et ai renoncié a ce que
je ne puisse dire an aucun tans que li dit denier ne m'aient estei
paié et delivrei; et ai fait protestacion que ce que j'ai otroié et
assenei ces diz bois a cele dite eglise et as viles et as apartenences dessus dites ne me puisse nuire en aucun tans, ne a mes
hers, a ce que je ne puisse faire ma volantei selonc les usages
de Champaigne an mes autres bois, soit an la foret de Maton soit
autre part. Et li dit abbés et convent de Saint Urbain ont fait
auxi protestation que ce ne lor puisse nuire ne a lor eglise ne a
leur apartenences dessus dites. Et an ces vɪɪɪᶜ arpanz de bois et
ɪɪɪɪˣˣ davant diz ai je retenu tel justice cum je i avoie davant, et

que je i puisse metre foretiers et osteir a ma volantei, ainsi cum
je fasoie davant ce que ceste letre fut faite; et reteig auxi mes
autres droitures et signories ainsi cum je i avoie davant, fors ce
que je ne mi hoir ne le porrous essarteir, ne faire les autres
choses a qué j'ai renuncié, si cum il est dessus contenu. E ceste
ordenance et cest acort a loei et otroié et promis a gardeir et
tenir a toz jors fermement Aalyx dame de Jeinvile, ma fame. An
tesmoignage de la quel chose je ai donei as diz abbei et convent
ces presentes letres saaleies de mon seel et dou seel la dite
Aalyx ma famme; qui furent faites et doneies an tans de Grace
mil dex cenz et sixante et oit anz, le samedi apres la Saint Martin
qui est en yver.

(*Original.* Archives de la Haute-Marne, abbaye de Saint-Urbain, 16ᵉ liasse, 1ʳᵉ partie. — Sceau d'Alix ; celui de Jean n'existe plus.)

VI. — 1269 (v. st.), 25 mars.

Je Jehans sires de Joinvile, seneschaus de Champaigne, faz
savoir à touz ceux qui ces presentes lettres verront et orront
que establi en ma presence mes sires Aubers de Peission, chevaliers, mes feables et mes hons, et ma dame Jehane sa fame,
ont requeneu que il ont doné en eschangie franchemant, fors que
de dime, à l'abbesse et au covent de Vaubenoit, de l'ordre de
Cystiex, de l'éveschié de Toul, leur vigne qu'il avoient et tenoient
en ban de Peission, la queil vigne fu mon seignor Adan le Prestre,
curey de Peission ; et siet la dite vigne desouz le sentier qui va
de Peission en Frü val, et desouz la vigne Huart, et desus la
vigne de Haute Fontaine, et joingnant de la vigne Bras de Fer;
et un jornel de terre qu'il avoient et tenoient en meises de Saint
Amanz, selonc la grange Huart. Et seront les dites dames de
Val Benoit, sus la dite terre, maisons et autres aisances à leur
volenté, sanz nul contredit, sanz tort faire à autrui, pour un mui
de blef moitange, à la mesure de Joinvile, que les dites dames
avoient chascun an en la grange les devant diz mon seignor
Aubert et ma dame Jehane sa fame. Lequel mui de blef mes sires
Ferriz, de boñe memoire, chevaliers de Vauquelour, qui fu aieux
mon seignor Aubert, chevalier devant dit, dona en den et en

8

aumone as dites dames de Vaubenoit, sus son heritaige qu'il
avoit à Peission. Et est à savoir que les dites dames de Vaubenoit ou lour commandemanz qui la dite vigne tenra, pres-
sera le geus de la dite vigne au pressoir mon seignor Aubert
et de ses hoirs, à toz jours, après celui qui sera sur le pressoir,
senz contredit de mon seignor Aubert, et de ses hoirs ou de
leur commandemant, ne d'autrui, parmi le pressoraige paiant
au fuer dou liu. Et totes ces choses desus dites a ma dame
Jehane devant dite fianciés à tenir, par sa foi donée corporelmant, et qu'ele jamais, à nul jour de sa vie, le dit
eschange ne reclamera ne fera reclamer par lui ne par autrui,
ne par douaire ne par autre chose. Et por ce que ceste
chose soit ferme et estable à touz jours, ai je ces presentes
lettres fait saeler de mon seel, par la requeste des dites parties,
sauf donc mon droit, car ces choses devant dites moevent de
nostre fié. Ce fu fait en l'an de grace mil deus cenz soissiante et
noef anz, on mois de mars, le jedi devant mi quareme.

(*Original*, Archives de la Haute-Marne, *abbaye de Benoitevaux*.)

VII. — 1273, août.

Nos Jehans sires de Joingvile, seneschauz de Champaigne, et
Aalys sa famme, dame de Joingvile, facons savoir a toz ces qui
orront et verront ces presentes lettres, que nos voluns, louns et
outroiuns de nostre bone volunté le don et la quittance que
Jofroiz, diz Mutes, de Til, escuiers, ai fait au priour et au covant
dou Val des Escoliers, dou dyocese de Langres, de toz les droiz
que cil Joferoiz disoit que il avoit et havoir pooit et devoit, par
quelque raison que ce fust, ou au moins reclamer, en la noveme
et en la sezeme parties que li davant dit priouz et li covant ont
ou gros deme de Mandres en Ournoys, et en tot ce que il ont ou
dit deme; et a ce don et a cele quittance devant dites nos vos
cunsantons, cumme seignor dou fyé, et ce que nous avons de
droit ou fyé des dites noveme et sezeme parties dou dit deme.
Nous quictons aus davant diz priour et covant, et prometuns an
bone foi, que nos ne verrons[1] par nos ne par autruis en contre

____

(1) Pour : venrons.

ces choses davant dites. En tesmoingnaige de la quel chose nos avons mis nos sees en ces lettres que furent faites en l'an Nostre Seignor mil et deuz cenz et sexante treze, ou mois de aout.

(*Original*, Archives de la Haute-Marne, fonds du Val des Ecoliers, 9ᵉ liasse, 2ᵉ partie, *Mandres-en-Ornois*.)

VIII. — 1273 (v. st.), janvier.

Je Jehanz sires de Joinvile, senechaux de Champaigne, faz a savoir a touz ceux qui verront et ouront ces presantes letres que pour la grace que freres Huges de Chevelen, commanderres de la baillie de Ruaus[1] fait a Odinet qui fu fiz Lambert de Nommecourt, cest a savoir que il li sueffre a joiir et a avoir le heritaige de par sa fame Melinete qui est a Juvignees et ou finaige, je faice que ele soit demouranz a Nommecourt avec le dit Oudinet son mari, je ne weil que li diz comanderres ne la maisons de Ruaus[1] renoncoit de riens a la letre qui est faite de moi et dou Temple, pour la franchisse de la vile de Juvignees anx soit[2] ades la letre an sa force et an sa vigour, ausi *com* davant, ne riens ne puisse grever ceste *grace* que il en fait; et weuil ancor que se aucuns dou Tample prant une fame a Juvignees, qu'il puisse joiir et avoir autant d'eritaige avec la fame *com* li diz Oudinez a a Juvignees de par la sue fame, an tel meniere que la letre de Juvignees demuert ades an sa force, ne ceste letre ne la puisse de riens *contre* lieir pour la grace que on fait le dit Oudinet. An *tes*moignaige de verite et pour ce que ce soit estable chose jai saallees ces presantes letres de mon seel, qui furent faites an l'an de *grace* mil deux cenz et sixante et treze anz, ou mois de jenvier.

(*Original*, Archives de la Haute-Marne, ccmmanderie de Ruetz, liasse 2, n° 2, *Juvigny*. — Le sceau n'existe plus.)

---

(1) Il y a *Ruaus*.
(2) Pour : ançois.

IX. — 1275, décembre.

Je Jehans, sires de Joinvile et seneschaus de Champaingne,
faz asavoir a tous ceux qui ces presentes lettres verront et
orront que je en bon sens et en bone mémoire pour recompen-
sation des biens que li frere de la chevalerie dou Temple ont fait
a moi et a mes ancessours, ai donney et aumosné a tous jours
mais aus diz freres de la chevalerie dou Temple, de la maison
de Ruelz, toute ma partie que je avoie et povoie avoir en ter-
rages de tout le finage de Juvignies, et de touz autres finages ou
li honme demourant a Juvignies gaingneront, cest a savoir la
moitié ou li dit frere ont l'autre, ausi con les chartres faites antre
moi et aux le devisent, sauf ce que je li hors qui est apelez la
soiiz par l'asentemant de moi et des diz freres estoit traiz de bois
a champ, le moitiés dou terrage de ceiaux essars me demourroit
et l'autre moitiés et tuit li autre terrage de la dite fin de Juvignees demourront as diz freres. Et est ancor a savoir que je ai
donnei et aumosney perpetuelmant a diz freres de la dite maison de Ruelz la moitié que je avoie auvec aux des ripes qui sont
apelees Ou Deffois, qui sient entre Juvignies et Brauviler, pour
faire lour prouage dou fons et dou vorpoil, ne riens n'i retaing
fors que la moitié de l'esmande des cas, ce il eschoioient, et la
garde sus le tout. Et je Aelis, fanme au devant dit Jehan signeur
de Joinvile, weul et otrroie aus diz freres ceste aumosne et ai
proumis par ma foi corporel que encontre ceste choze je ne
irai ne ne ferai aler par raison de douaire ne par autre reclama-
tion. Et ne fait mie a trespasser que je devant diz Jehans et je
Aelis, sa fanme devant dite, ne pouons ceste ausmosne rapeler,
et avons renonciet a touz droiz de canon et de loiz, et a touz
usages et a toutes coustumes. a toutes exceptions et deffans-
sions de droit et de fait que nous pourrient aidier et as devant
diz freres nuire. Et pour ce que ceste aumosne soit pardurable,
en tesmoignage des chozes dessus dites nous devant dit Jehans
et Aalis, sa fanme, avons confermey ces presentes lettres par
l'apenssion de nos seiaux, qui furent faites en l'an de grace mil
deux cenz soixante et quinze, ou mois de decembre. — Nota
Hunberti, clerici.

(*Original,* Archives de la Haute-Marne, Commanderie de Ruetz, liasse 2, *Juvigny.*
— Les sceaux n'existent plus.)

X. — 1275 (v. st.), mars.

Nos Jehans, sires de Jeinville, et seneschaus de Champaigne,
et Aelis, sa femme, faisons savoir a tous que come bestens et
descors fust entre nos d'une part et l'abbei et le covent de Vaus
en Ornois, de l'ordre de Cistès, d'autre, dou bois con dit l'aleu de
Vaucolour, qui siet desous le chanoi de Limeiville, nos par le
conseil de bone gent avons apris que nos n'avons droit en reclamer le dit bois, et pour ce le dit bois lour avons nos aquitei a
tous jours sans riens reclamer ansi come il est abonnez par
devers le chanoi de Limciville et par devers la fin de Tourailles,
et tout ce que nos i avons et poons avoir par eschoite ou par
autre raison quex qu'elle soit, ne riens n'i retenons fors que la
garde et la chacerie que nos retenons a nos et a nos hoirs. Et
ne volons mie que grever lour puisse en aucun tens ce que nos
ne tenons ancor la terre de Rignel. Et est a savoir que li dit
abbés et covens meteront on dit bois lour foretier si come en
celui qui est lour prope, et sera creus li dis foretiers des four-
fais que il raportera dou dit bois par son sairement de tous ceux
qui sont et seront desous nous. Et est ancor a savoir que nos
devons avoir la moitié des amandes pour ce que nos devons
deffaire la force, et li dit abbés et convens doient avoir l'autre
mointié. En tesmoignage de ce sont ces lettres saeelees de nos
saels, qui furent faites et donees en l'an de grace mil cc et
sexante et quinze, on mois de mars.

(*Original*, Archives de la Meuse, fonds d'Evaux, layette K n° 23. — Les sceaux
n'existent plus. Ils pendaient sur doubles queues de parchemin.)

XI. — 1277, mai.

Je Jehans, sire (*sic*) de Janville, seneschaus de Champaingne, et
je Aalis sa feme, faisons savoir a tous que nous, en nostre bon sen
et en nostre propre condition avons vendu a frere Guillame
Cervain, commandeor en la baillie de Ruiaus et as freres dou
Temple de cele baillie meismes tel droit, tele action com nous
aviiens et poiens avoir por essarter, por vandre, por ensrogier,
por traire de bois a champ et por fare grange et toutes leur

12

atres volantés en tout le bois que nos aviiens en finaige de Ju-
vignés, qui est apelés li bois des Rippes ; dou quel bois estoit
la moitiez nostre et au Temple l'autre. Et li dis bois siet de l'une
partie delés le bois de Manus seur Saut et de l'autre partie delez
le bois de Janvillers ; et est vendus li dis bois treffons, sourpois,
en eritage a dis freres a tous jours, sanz rapeler. Et avons donei
le dit bois as freres devant dis por deus cens livres de tornois
fors provenesienz. Et ancors se li bois valoit miex de la somme
devant dite, nous avons armonei le seurplus que li dis bois
vauroit a Deu et as dis freres ; et avons renoncié a tous drois et
a toutes deffensions de canon et de loys, et d'usages de paiis et
de doaire, por nous et por nos hoirs, que nus n'iroit ne feroit aler
en contre le vendage desus dit. Et emporterons bone garantie
loial a Tample et a tou jours mais paisiblemant, sans rapeler de
nos ne de nos hoirs. Et en cest vandages desuz dit demorra la
garde au seignors de Jainville, et li dit segnor de Jainville ten-
ront la dite garde dou fié les contes de Bar. Et por ce que ce soit
ferme choze et estauble a tos jors, avons nous saelees ces lettres
de nos seelx, qui furent faites an l'an de grace mil deus cens
sexante et dis et sept, en mois de may.

(*Original*, Archives de la Haute-Marne, commanderie de Ruetz, liasse 2, n° 2,
Juvigny. — Les sceaux n'existent plus.)

A cette charte est annexée une charte de Thibaud, comte de Bar, d'avril 1.77
(v. st.), qui rapporte entièrement celle-ci et la confirme.

XII. — 1277, mars (du 28 au 31), ou 1277 (v. st.).

Je Jehanz, chevaliers, sires de Joinville et de Ryenel, senc-
chaus de Champaigne, et je Aalis, dame de ces deux chastis,
femme dou dit Jehan, faisons savoir a touz cels qui sunt et qui
seront, qui ces presentes lettres verront et orront, que con
descorde fust meue antre nos d'une part et frere Nichole, *com*-
mandaor de la baillie dou Vaul de Tors, des maisons de la chevalerie dou Temple, et les freres de ces meismes leu, d'autre
part, sur ce que nous leur aviens saisi et voliens torner en nostre
demoinne les deux parz dou dime qui siet ou finaige de Rymau-
cort, ou leu con dit et apele communemant Oflaincort, lequel
dime mes sires Ferris de Vrincort, ca en arriers chevaliers, leur
aumona, et li quex estoit de nostre fié, si con nous entendiens,

et por ceste raison nous an voliens joir; et li frere davant dit
disoient encontre que il l'avoient tenu paisuilemant au tens mon
signor Gautier, ca en ariers signor de Rienel, et au tens de ma
dame Helissent, femme au dit Gautier, et au tens mon signor
Jofroi de Clémont, qui sires fuit dou dit Rienel, tant comme a
tenuire asiert, et par tant il voloient joir. An la fin, par bone
anquante leaul, nous avons bien trové que li dit frere an sont an
bone saisine et paisiule de trente cinc ans et de plus. Et par ce
que nous avons trové et antendu lour raison, leur avons nous
quité et outroié, et quitons et outrions, et par ces presentes
lettres le confermons a tenir a touz jorz mais le dime davant dit
an main morte, car nous n'i poons riens demarder pour la raison
de fié ne d'aluel de ci en avant. Et prometons por nous et por
nous hoirs que contre cels covenances ou contre cels presentes
lettres ne venrons ne jemais autre venir ne ferons. Et por ce que
elles soient fermes et certainnes et estaubles a touz jorz, nous
d'ung commun acort et de commun assentemant avons mis nos
sees an cels presentes lettres qui furent faites et donees an l'an
de li encarnation Nostre Signor mil cc sexante et dis et sept, ou
mois de marz.

(*Original*, Archives de la Haute-Marne, commanderie de Corgebin et de Thors
Rimaucourt. — Les deux sceaux ont disparu.)

XIII. — 1306, 6 décembre.

A tous cex qui verront et ourront ces presentes lettres, je
Jehans sires de Joinville, senechaus de Champaigne, salut en
nostre signor. Saichent tuit que l'am de grace mil trois cens et
six, le jour de feste saint Nicholas en hyver, avons veues, leues
et tenues unes lettres saignes et entieres, en fa forme qui s'en-
suit :

Ego Beatrix, domina Joniville, senescalla Campanie, et ego
Hugo de Fronvilla, miles, notum facimus omnibus presentes
litteras inspecturis quod nos mandatum accepimus a bone
memorie nobili viro Simone, quondam domino Joniville, quod
nos fideles exequtores testamenti sui existentes, omnes injurias
quas vel ipse fecisset vel fieri permisisset remanere faceremus
et cessare. Nos vero, per bonos viros diligenter inquisimus de

usuario quod canonici capelle Sancti Laurentii de Jonivilla se
dicebant habere in nemore nove grangie de Bullencuria ad usum
furni sui de Gundricourt, et per legitimam inquisitionem inveni-
mus quod dicti canonici super usuario dicti nemoris injuste
fratres Bullencurie molestabant. Verum(?) volumus et firmiter
statuimus ut dicti canonici ab usuario dicti nemoris imposterum
se abstineant et observent; fratres vero Bullencurie quantum ad
hoc nemus nove grangie pacifice possideant et quiete. In cujus
rei testimonium presentes litteras sigillorum nostrorum appen-
sionibus duximus roborandas. Actum anno Domini Mᵒ CCᵒ trice-
simo quinto, mense februario.

En tesmoignaige de la quel chouse, nous avons seelé sest
present escrit en l'am et le jour dessus diz.

(*Original*, sceau détruit. — Archives de la Haute-Marne, fonds de Boulancourt,
4ᵉ liasse, 5ᵉ partie; *Morancourt*. — Le sceau pendait sur double queue de parchemin.)

XIV. — 1307 (v. st.), 1/7 février.

A touz cex qui verront et ourront ces presentes lettres, je
Jehans, sire (*sic*) de Joinville, senechaus de Champ*aigne*, salut en
N*ostre* Signour. Saichent tuit que l'an de *grace* mil trois cenz
et sept, le mescredi après la chandeleur, avons veues, leues et
tenues unes lettres saignes et antieres en la forme qui s'ansuit :

Ego Symon, dominus Joniville et senescallus Campanie, notum
facio presentibus et futuris quod ego adquitavi fratribus Bullencurie totam querelam quam habueram super toto nemore Nove
Grangie, excepto nemore Rogeri, excepto etiam nemore An-
cheri; et si quid juris habebam in dicto nemore eisdem
fratribus adquitavi et eis teneor garentire; et poterunt de
ipso facere quicquid eis placuerit. Preterea, dedi eis et
concessi in perpetuum pasturas ad animalia sua, cujuscum-
que sint generis, in toto finagio Nove Ville, excepto nemore
de Maston; si vero animalia predictorum fratrum aliquod dampnum mihi vel hominibus meis intulerint ipsum dampnum sine
emenda restituant ad estimationem bonorum virorum ipsi fratres; et si capta fuerint dicta animalia non poterunt duci extra
finagium illud in quo fuerint ipsa capta. In testimonium igitur

rei presentes litteras sigilli mei munimine rŏboravi. Actum anne gratie ᴍᵒ ᴄᴄᵒ secundo.

En temoignage de la quel chose nous avons seelé cest *présent* tanscrit (*sic*). Donné l'an et le jour dessus diz.

(*Original*, sceau disparu, Archives de la Haute-Marne, fonds de Boulancourt, 4ᵉ liasse, 5ᵉ partie. — *Morancourt*.)

XV. — 1310, mai.

A tous ceus qui ces presentes let*tres* verront et orront, nos Jehans, che*valiers*, sires de Joinville sur Marne, et seneschauz de Champaigne, faisons savoir que co*mm*e Estevenins Maubruges, maires de Joinville, Pierres Joffrois, Renaudes dou Terme, Estevenins, Minejambe, Garniers Micheles, Ancealx François et Jaquiers Warroquiers, tuit eschevin de la dite ville; Colinés Juliens¹, ... tuit demorant en *notre* ville dessus dite de Joinville, aient vendu bien et lealmant, pour aux et pour la *communauté* de la dite ville, et en nom de celle, pour l'utilité et le très grant profit de la dite *communauté*, à Jehan de Bezennes, citien de Rains, dix livres de petiz parisis viez et anciens, de tel loy et de telle valeur co*mm*e bon petit parisis valoient au temps le saint roy Loys, d'annuel rente à la vie de Pe*r*rart, son fil, à paier chaucun à la quinzaine de la sainte Paque, tant com li diz Perrars vivera en quelcu*n*que estat ou habit que il sera, ou en religion ou . . . . . . de religion ; et ait esté faiz cilz vendages pa*r*mei le pris de sexante et dix livres de petiz parisis viez et anciens. Douquel pris li dit vendeur ont heu et recehu lour grey entièremant de celui Jehan, en bons deniers . . . . . et bien comptez, à eux pour ce paiez, bailliez et délivrez. Et aient li devant dit denier esté mis et convertit tout entieremant en co*mm*un profit des diz vendeurs. Et soit convenancié en cest marchié que c'il avenoit que . . . diz Jehans trespassat devant ce que li diz Perrars fust trespassés, li dit vendeur après le décept dou dit Jehan la dite rente venderient et paierient au dit Perrart chaucun an, tant comme il vivera, et serient obligé . . . lour biens muebles et non muebles presens et avenir. . . . . es choses et autres sont plus plainement contenues en let*tres* seellées dou seel de la commu-

nauté de Joinville, en lettres de la court de Chaalons, en lettres . . . . . . tabellion de Vitry. Et nous Jehans dessus diz,
qui sumes certains que li vendages dessus diz et les convenances dessus dites ont esté faites bien et léalmant, et que li
denier devant dit ont esté mis et conv rtit ou profit des vendeurs dessus dit tout entieremant, le vendage, l'obligation, les
convenances dessus dites et toutes les choses qui sont contenues en toutes les lettres dessus dites, à la requeste des devant
diz vendeurs, loons comme sires de la dite ville de Joinville,
gréons et approuvons le vendage, la convenance, les obligations
dessus dites et toutes les convenances contenues en chaucunes
des lettres dessus dites. Et prometons léalmant, comme sires
terriens que nous la rente dessus dite ferons venir ens, et
les devant diz vendeurs et chaucun d'aux pour le tout sans division faite entr'aux, nous par prise, par saisie, par detenue,
par vend. . . de lour biens, par esploitemant, par delivrance
de lour chastelz et de lour biens contrainderons à paier la rente
dessus dite au devant dit Jehan tant comme li diz Perrars vivera,
au terme devant dit, chaucun an, ou a celui Perrart se il sour-
vivoit celui Jehan. Et prometons par nostre foy, corporelmant
donnée sur l'amende le Roy et sur la féauté que nous devons a
tous nos seignours terriens, que de celle rente contrain . . .
tous les dis vendeurs à tenir convent chaucun an tant comme li
diz Perrars vivera, sans nulle exception ne nulle barre mestre
avant. Et prometons encor au dit Jehan . . . .
à restablir entieremant tous cous, damages, despens, dons,
promesses et servises que li diz Jehans ou cil qui ces lettres
porteroit diroit par son simple sairemant . . . .
averont eus ou faiz, ou encourrus en quelque meniere que ce
fust, pour l'occoison de la deffance dou paiemant . . . . . .
pour toutes ces choses . . . .
d'icelles entieremant tenir et acomplir nous metons en asseure-
mant, en abandon et en obligemant envers . . . . . . aidans,
especialmant . . . . dite ville de Joinville et toutes
nos autres possessions, toutes nos choses et tous nos biens
moebles et non moebles, presens et avenir, en teille menière
que se nous défaill. . . . . . . dites ou d'aucunes d'icelles,
ou aucunes d'icelles, nous volons et outroions que li devant
diz Jehans ou cil qui ses lettres porteroit par les gens le Roy,
par les gens de . . . . autres seigneurs, par toutes

justices, et *par* cui que il vorroit, puist penre et faire penre,
saizir, arester, détenir, vendre et despendre de nos biens et de
nos choses *par* tout ou on trouveroit, jus*ques* à tant que ses
grez . . . . . . faiz entieremant tant de la rente et de la
pene devant dite, *comme* de tou*s* damages, despens, dons, promesses et servises devant dis. Et nous obligons de respondre de
toutes les choses dessus dites et de chaucune *par* li à celui qui
ces lett*res* porteroit, sans autre mandemant ou p*r*ocuration
aporter ou monstrer. Et à ces choses tenir nous en obligons,
nos hoirs et nos successours, et soumetons tant *comme* à ce
nous, nos biens, et nos hoirs et nos successeurs, à juri[dicion]
de toutes cours tant de crestienté *comme* de laie jus*t*ice. Et
volons que plusours cont*r*aintes et . . . . . . de Sa*i*nte Eglise
et seculers puissent co*r*re ensemble contre nous. Et reno*n*cons
par nos*t*re foy à ce que nous ne puissiens di*r*e que li denier
devant dit n'aient esté mis et conve*r*tit en p*r*ofit des diz vendeurs, à toute aide de fait et de droit, de crestienté et de laie
justice, à tous p*r*ivilèges de crois, à toutes g*r*aces, à tous
respiz que apostoles ou roys, ou autre, aient donné ou porroient
donner ou out*r*oier, et à toutes autres exceptions, deffences,
raisons et alléga*c*ions de fait et de droit qui por*r*oient estre
opposées contre ces p*r*ésentes let*r*es ou cont*r*e chose qui i soit
contenue ou exp*r*essée. Et volons q*ue* ceste renonciations gene-
rals vaille auta*n*t *comme* se elle estoit faite exp*r*esse et especials
en tous caz où il affe*r*roit. Et se il avenoit que li diz Jehans
trespassat devant ce que li diz Pe*r*rars fust trespassés, nous
après le decept dou dit Jehan seriens obligié enve*r*s celui
Pe*r*rart chaucun an autant *comme* il viveroit, e*n* toutes les me-
nières et les condicions q*ue* nous estions et fumes obligié envers
le dit Jehan. Et après le décept dou dit Pe*r*rart nous serons
quite des obligacions, et li dit vendeur de la dite rente ne mas-
q*ues* des arrièrages se il y estient. En tesmoignage de laquel
chose, et pour ce que tout*r*s les choses dessus dites soient
tenues fermes et estables, nous Jehans dessus diz, sires de Joinville, avous seellées ces p*r*èsentes lettres de nos*t*re p*r*opre seel
dou quel nous usons et avons usé. Ce fust fai*t* l'an de g*r*ace
mil trois cens et dix, ou mois de may.

(*Original*, en très mauvais état, rongé en plusieurs endroits ; archives de la ville
de Joinville. — Le sceau n'existe plus.)

18

XVI. — 1310, mai.

A tous celx qui ve*rr*es et orront ces *presentes* lettres, ncus Jehans, chevaliers, sires de Joinville et seneschaulx de Champaigne, salut. Sachent tuit que *comme* Estevenins Maubruges, ·maires de Joinville, Pierre Joffrois, Renaudes dou Te*r*me, Estevenins Minejambe, Garniers Micheles, Ancealx François et Jaquiers Warroquiers, tuit eschevin de la dite ville; Colines Juliens, ... tuit demorans [en n*ostr*e ville de] Joinville, hont vendu bien et léalmant. pour aux et pour . . . . et au nom d'icelle, pour l'utilité et pour le très grant p*r*ofit de la dite . . . . à Hue le Large, citien de Rains, vallet n*ostr*e seignour le roy de France, vint livres de petiz parisis viez et anciens, de teil loy et de teil valour *comme* li petit parisis valoient [au temps] le saint [roy Loys], d'annuel rente à la vie de Pe*rr*art, fil de Jehan, son fil, à paier chaucun an à la quinzaine de la sainte Paque, tant comme li Pe*rr*ars vivera, en quelcunque estat et habit que il sera, ou . . . . *par* le pris de sept vins livres de petiz parisis viez et anciens; et à Hue La Vesve, citien de Rains, vint livres de petiz parisis viez et anciens dan tel monoie *comme* dessus est dit, d'annuel rente à la vie de Sebillon sa feme, *par* le pris de sept vins livres de petiz parisis viez et anciens; et de rechief à Herbelet Coichelet. . . . . vingt livres de petiz parisis viez et anciens, dantel monoie *comme* dessus est dit, et d'annuel rente à la vie de Robin son fil, *par* le pris de sept vins livres de petiz parisis ausis; de rechief à Guillemin de Cussy, citien de Rains. . . . . parisis à la dite monoie, d'annuel rente, à la vie dou dit Guillemin, *par* le pris de sept vins livres de petiz parisis ausis; de rechief, à Jehan de Bezennes, dix livres de petiz parisis dan tel monoie *comme* dessus est dit, à la vie de Pe*rr*art son fil, *par* le pris. . . . . .ix livres de petiz parisis ausis; de rechief à mo*n* seigneur Herbert de Buissy, clerc, demorant à Rains, quarante livres de petiz tournois viez et anciens, de tel loy et de tel valour com bon petit tournois valoient au temps le saint roy Loys, d'annuel rente à la vie dou dit seigneur Herbert, par le pris de douze livres de petiz tournois; de rechief a Oudart la féouté que il doit à *t*ous ses seigneurs te*rr*iens, que celles rentes il paiera et re*n*dera aus diz vendeurs, pour les dites pe*r*-

Cauchon, citien de Rains, vint livres de petiz tournois de la monoie ja dite d'annuel rente, à la vie de Florion sa feme, *par* le pris de sept vins livres de petiz tournois. Des quelx *sommes* d'argent les devant dites personnes de Joinville recognoissent avoir eu lour grei entièremant des devant diz Hue Le Large, Hue Le Vesve, Herbert Coichelet, Guillemin de Cussy, Jehan de Bezennes, mon seignour Herbert de Buissy et Oudart Cauchon, citien de Rains. Et recognoissent que les deniers devant diz ont mis et convertis tout entièremant au *commun profit* de la ville devant dite. Et totes ces rentes ont promis à rendre et à paier les dites personnes de Joinville aus diz citiens en leur hostex, à Rains ou ailleurs, ausi loing de Joinville comme Rains en est loing, en quelcunque leu que li citien vorroient . . . . à lour péris et à lour cous, *par* lour fois données corporelmant chaucuns pour le tout, sans division, à la quinzaine dessus dite. Et commancera li premiers paiemans des dites rentes à la quinzaine de la sainte Paques, qui sera l'an mil trois cens et onze . . . . si com il est plus plainemant contenu en lettres que li dit citien en ont des dites persones, c'est asavoir lettres de l'official de la grant court de Chaalons, lettres dou tabellion de Vitry, lettres de mon signour de Joinville et lettres dou seel de la commune de Joinville; lesquelles lettres furent données l'an mil trois cens et dix, ou mois de may; esquelles lettres les dites persones sunt obligiés par semblans parolles ou par autres. Vint en propre persone, présent moi, haus hons et nobles mes sires Anceauls de Joinville, chevaliers, sires de . . . . recongnut de sa bone volonté, sans contraignemant aucun, tous les contra. . . . . et les convenances, les rentes dessus dites et les marchiés estre faiz pour lui et à sa requeste . . . . ce que il ne soit mie contenu en sa persone es lettres que li dit citien ont. . . . . dessus dites, et que tuit li denier que li dit citien ont bailliés pour les dites rentes sunt pour lui, et sunt converti en son profit et en sa utilité; et que les rentes annuelles tous peines, despens, damages, dons, servises . . . . et principalmant en son nom . . . . chose que les dites persones de Joinville en recognoissent es lettres que li dit citien en ont d'aux, et que des dites choses il doit desdamagier les dites persones de Joinville, communauté toute et leur hoirs, sans faire division . . . . . Et ce a il promis par sa foy corporelmant donnée sur l'amende le Roy et sur

sones et pour la *commune* de Joinville chaucun an au terme
desus diz, sans nulle exception ne nulle barre mestre avant. Et
promest ancor à rendre et restablir tous cous, despens, damages, dons, promesses et servises que les dites persones et la
communautés en aueroit mis ou encourus, ou cil qui d'eux
aueroient cause en quelcunque menière que ce fust. Et pour
toutes ces choses devant dites et chaucune d'icelles entièremant tenir et acomplir, il en a mis en assentemant, en abandon
et en . . . . . . envers les dites persones et la communauté
de Joinville, lour hoir et lour . . . . . . , tous ses biens tem-
porels, moebles et non moebles, présens et futurs, en quelcunque leu que il soient et puissent estre trouvé, especialmant ses
rentes, ses preux et ses yssues de Rinel, de [Rimaucort] . . .
apartenances, de Dommartin le Franc, de Gondrecourt . . . .
. . . . et d'Avrainville, et tout ce que il a en . . .
. . . . en la chastelerie de Waissey, de Joinville
et ou ressort d'icelles, soit en fiez, en arrierefiez, en . . . . . .,
et tous ses autres biens et les biens de ses hoirs, pour vendre et
despendre à deniers comptans pour ceste lettre et les convent
. . . . plir . . . . despens, damages, dons,
promesses et servises qui porroient estre par deffaut de garant.
Desquelx cous, damages et despens, dons, promesses et servises,
se autres en y avoit, les dites persones cil
qui d'aux aueroit cause seroient creu par . . . . . que toutes
les choses contenues es lettres que li dit . . . .
En tesmoignage de laquel chose, pour ce que . . . .
estable, à la requeste des parties, nous Jehans, chevaliers, sires
de Joinville, dessus diz, avons seellées ces présentes lettres dou
seel dou quel nous usons et avons usé. Ce fust fait l'an de grace
mil trois cens et dix, ou mois de may.

(*Original*, rongé et déchiré, aux archives de la ville de Joinville. — Sceau détruit ;
il reste des lacs de soie rouge. — Les lettres de l'official de Châlons, ci-dessus men-
tionnées, qui concernent la même affaire, sont en latin et datées du cinquième jour
après la Pentecôte 1305 ; à la suite est la confirmation et l'engagement de Jean, sire
de Joinville, en français et en quelques lignes.)

IMPRIMERIE ROSENSTIEL, JOINVILLE

www.ingramcontent.com/pod-product-compliance
Lightning Source LLC
LaVergne TN
LVHW012107170726
843501LV00008BC/2788